Petra Kunze

Zappelfinger-Spaß

35 kreative Förderspiele, Lieder und Reime

Illustriert von Norbert Pautner

Inhalt

Zappelfinger stellen sich vor

Mit Zappelfingern durch den Tag

Zappelfinger spielen

Lass die Finger zappeln!

Schlafen, gefüttert werden, saubere Windeln – wenn diese Grundbedürfnisse erfüllt sind, sind die meisten kleinen Kinder schon recht zufrieden. Doch sie brauchen noch mehr zu ihrem Glück, das gewisse Etwas: Eltern, die mit ihnen schmusen, spielen und Spaß haben. Das fördert nicht nur die Beziehung zwischen Eltern und Kind, sondern auch die kindliche Entwicklung. Denn jeder Austausch, jede Interaktion, jedes Spiel, und seien sie noch so kurz und einfach, regt ein Kind in unterschiedlichen Bereichen an.

Doch was kann man denn mit einem Baby schon spielen? Was versteht ein Kleinkind überhaupt schon? Mehr, als wir glauben! Und es ist einfacher, als viele meinen, auch schon mit den Jüngsten zu »spielen«. Denn häufig müssen wir gar nicht so viel extra tun, keine große Spielsituation schaffen, um unseren Nachwuchs anzuregen und mit ihm etwas Schönes zu erleben. Ein paar Wickelspiele und viele kleine Rituale über den Tag verteilt sind schon (fast) genug, um die Kleinsten bei Laune zu halten und ihre Entwicklung zu unterstützen. Mit zunehmendem Alter – und abnehmendem Schlafbedarf – verlangt der Nachwuchs allerdings schon etwas mehr. Spätestens jetzt müssen sich die Eltern etwas einfallen lassen, Anstöße geben, um den Hunger nach seelischer und geistiger Nahrung, nach Bewegung, Rhythmus und Verständigung zu stillen.

Warum Spielen so wichtig ist

Im Grunde unterstützen Sie die Entwicklung Ihres Kindes immer positiv, wenn Sie mit ihm seinem Alter entsprechend spielen. Der grenzenlose Spieltrieb, den Kinder an den Tag legen, hat seinen Sinn: Nichts fördert die kindliche Entwicklung mehr als das Spielen. Indem Sie also das Spiel Ihres Kindes fördern, fördern Sie auch Ihr Kind. Denn für ein Kind ist Spielen kein Zeitvertreib, wie es für Erwachsene der Fall ist. Ein Kind meint es ernst beim Spielen. Es ist voll bei der Sache, konzentriert und aufmerksam in sein Spiel vertieft. Spielen ist seine Arbeit, wie die berühmte Pädagogin Maria Montessori es ausdrückte.

Aber auch »richtig« spielen will gelernt sein. Das heißt nicht, dass Sie Ihrem Kind zeigen sollen, wie es zu spielen hat. Es braucht lediglich ein wenig Anleitung, Unterstützung und Anregungen durch Erwachsene. Sie sollen ihm »Futter« für sein Spiel geben: ein bisschen vorspielen und es so zum Nach- und Weiterspielen animieren; ihm Spielsachen zur Verfügung stellen, die seinem Alter entsprechen und seine Kreativität anregen.

Dabei will Ihnen dieses Buch helfen. Hier finden Sie viele Anregungen, die Sie auch schon mit kleinen Kindern einfach im Alltag umsetzen können, kleine Spiele für zwischendurch. Mit ein bisschen Fantasie und Kreativität können Sie die in diesem Buch vorgestellten Spiele weiterführen, neue Verse dichten oder andere Puppen verwenden. Sie werden sehen, Ihr Kind wird viel Spaß haben, aufmerksam lauschen, mitmachen, nachmachen.

Sie haben auch die Möglichkeit, die Zappelfinger-Spiele in den Alltag einzubauen und sie zu vertrauten, immer wiederkehrenden Ritualen werden zu lassen. Wecken Sie Ihr Kind doch mal mit den Fingerpuppen, lassen Sie beim Tischspruch Ihre Finger zappeln oder bringen Sie Ihr Kind mit den Püppchen ins Bett. Auch hierzu finden Sie eine Menge Anregungen.

Übrigens: Sie können das Buch auch zum Vorlesen verwenden. Es wird Ihrem Kind viel Vergnügen bereiten, die lustigen Illustrationen zu den Versen zu sehen. Die lebendige Darstellung der Fingerpuppen wird seine (Spiel-) Fantasie anregen – und die seiner Eltern bestimmt auch!

Spielerisch fördern

Die für dieses Buch entwickelten Spiele regen in vielfacher Hinsicht die kindliche Entwicklung an. Sie können die Spiele auch gezielt einsetzen, um bestimmte Bereiche zu unterstützen und zu fördern. Das hat nichts mit Unterricht oder Freizeitprogramm zu tun, denn die Förderung geschieht unmerklich und nebenbei.

Fördern bedeutet nicht, den nächsten Entwicklungsschritt vorwegzunehmen oder ein Kind zu überfordern. Es bedeutet aber auch nicht, ein

Kind zu unterfordern. Hier ist mal wieder die – schwierige – goldene Mitte gefragt. Aber keine Sorge, alle Spiele, Lieder und Reime im Buch sind für Kinder in den ersten Lebensjahren geeignet. Die Spiele sind kurz, und das Kind muss sich nur für begrenzte Zeit konzentrieren. Sie brauchen keine komplizierte Spielsituation, sondern lediglich Ihre Finger und die Puppen, um mit Ihrem Kind etwas zu spielen. Fingerspiele können Sie überall machen: Sie haben das »Spielzeug« praktisch immer dabei.

Ihr Kind wird schon bald selbst einige Spiele und Lieder nachmachen und mitsingen können. Auch wenn es nicht immer alles versteht, werden ihm die Fingerpuppen, die Melodien und rhythmischen Verse, die Kitzel- und Theaterspiele viel Freude machen – und es nicht überfordern. Es wird außerdem die Zuwendung, Aufmerksamkeit und die vielen Anregungen genießen, die Sie ihm dabei geben, und es wird von Ihrem gemeinsamen Spiel profitieren.

Außerdem fördern Sie mit den Fingerspielen in den ersten Lebensjahren (fast) alle Bereiche der kindlichen Entwicklung:

- Sie regen alle Sinne des Kindes an.
- Sie stillen sein Bedürfnis nach Rhythmus und Musik.
- Sie unterstützen die Kommunikation zwischen Eltern und Kind.
- Sie fördern die Feinmotorik des Kindes.
- Sie vermitteln ihm erste soziale Kompetenzen.
- Sie fördern seine intellektuellen Fähigkeiten.

Zu Ihrer besseren Orientierung finden Sie bei jedem Spiel symbolisch die Bereiche dargestellt, die besonders gefördert werden.

Die Sinne anregen 

Im Grunde werden bei allen Spielen im Buch die Sinne angeregt. Schon beim Aufschlagen des Buches wird Ihr Kind große Augen machen, was es alles zu sehen gibt. Es wird aufmerksam Ihrer Stimme und Ihrem Singen zuhören und auch den Geräuschen, die Sie machen. Die Fingerpuppen sind farblich und stofflich so gestaltet, dass sie für die Augen und die Haut Ihres Kindes mit Sicherheit eine Freude sind. Bei allen Spielen, bei denen Ihr Kind die Puppen schon selbst einsetzen kann oder bei denen die Puppen Ihr Kind berühren, finden Sie das Symbol für die Förderung der Sinne.

Mit Musik geht alles besser 

Musik ist eine wichtige Schulung des Gehörs und damit auch des Gleichgewichtssinns, der Muskelspannung und der Körperhaltung. Musik beruhigt, sie kann die Stimmung spürbar verbessern, lädt ein zum Mitsingen und zum Bewegen – was auch der Seele gut tut. Musik kann Gefühle und sogar Erinnerungen hervorrufen. Musik besteht wie Sprache aus Rhythmus und Melodie. Schon im zweiten Lebensjahr beginnt ein Kind, einfache Tonfolgen zu singen, die immer mehr von den bekannten Kinderliedern abgelöst werden.

Viele Zappelfinger-Förderspiele im Buch sind zu diesen bekannten Kinderlied-Melodien geschrieben. Deshalb wird Ihr Kind sie schnell selbst lernen und mitsingen können. Die Rhythmen der Melodien und der Verse entsprechen ganz den kindlichen Bedürfnissen.

Kommunizieren von Anfang an

Nur wer Sprache hört, lernt sprechen. Reden Sie also viel mit Ihrem Kind, erzählen Sie ihm etwas, lesen Sie ihm vor. Erklären Sie auch schon Ihrem Säugling, was Sie gerade (mit ihm) tun: wenn Sie den Brei zubereiten, wenn Sie ihn füttern, wickeln oder anziehen. Auch von Ihren Gefühlen oder Ihren Tagesplänen können Sie ihm berichten. Im Grunde ist es egal, worüber Sie Ihrem Kind etwas erzählen. Wichtig ist, dass Sie »richtig« mit ihm sprechen, also nicht in der Babysprache. Weniger von Bedeutung ist dagegen, dass Ihr Kind jedes Wort versteht, solange Sie einfach und verständlich sprechen.

Verständigen Sie sich auch ohne Worte mit Ihrem Kind: Lächeln Sie es an, zeigen Sie ihm alle möglichen mimischen und gestischen Ausdrucksformen.

Dadurch kann sich auch Ihr Kind immer deutlicher mitteilen. Denn es kommuniziert nicht erst im zweiten Lebensjahr, wenn es seine ersten Wörter spricht. Vielmehr besitzt es diese Fähigkeit von Anfang an – sie ist überlebensnotwendig, etwa wenn es lautstark seinen Hunger signalisiert oder wenn es Blickkontakt mit den Menschen seiner Umgebung aufnimmt (und sie so an sich »bindet«). Durch Ihr Vorbild und positives Feedback, wenn Sie sein Bemühen zum Beispiel mit einem Lächeln belohnen, wird sich das Ausdrucksvermögen Ihres Kindes schnell erweitern.

Untersuchungen belegen, wie wichtig Vorlesen für den Spracherwerb ist. Nutzen Sie dieses Buch also auch zum Vorlesen und als Bilderbuch. So wird Ihr Kind schon bald Verse auswendig und mit Ihnen gemeinsam singen oder spielen können. Wenn Sie Ihrem Kind die Texte aus dem Buch vorspielen, kann es den sprachlichen Inhalt besser verstehen. Sein Gefühl für Sprache wird auch durch die rhythmischen Verse und Lieder sowie durch die Reime gefördert.

Die Feinmotorik fördern

Das aktive Spielen mit den Fingerpuppen fördert auf ideale Weise die Feinmotorik. Dazu gehören vor allem die Geschicklichkeit der Finger und die

Mimik des Gesichts. Die Fingerfertigkeiten sind später in der Schule vor allem beim Schreibenlernen von Bedeutung.

Ihr Kind übt seine Feinmotorik mit den Fingerpuppen auf vielfältige Weise: Es tastet und greift die Puppen, zieht sie sich über die Finger und bewegt diese zum Spiel. Wenn Sie Ihrem Kind eine Puppe zum (Mit-)Spielen geben, achten Sie darauf, dass es die Puppe immer wieder auf einen anderen Finger zieht. Dadurch wird es mit der Zeit immer geschickter. Das Spielen mit Puppen auf zwei Händen ist eine weitere Herausforderung, die Ihr Kind bald meistern wird.

Auch die Mimik ist beim Spielen mit den Fingerpuppen gefragt. Kleine Kinder werden ihre spielenden Eltern fasziniert beobachten und nachzuahmen versuchen, wenn sie ihnen etwas mit den Fingerpuppen vorspielen. Dadurch lernen die Kleinen, welche Mimik welchem Gefühl und welchem Wort entspricht – und werden diese immer gekonnter selbst anwenden.

Soziales Lernen im Spiel

Im gemeinsamen Spiel können Sie die sozialen Kompetenzen Ihres Kindes besonders gut fördern. Denn es muss beim Spielen mit anderen, egal ob mit Kindern oder Erwachsenen, lernen, auf seine Spielpartner und auf die Figuren des Spiels einzugehen. Bei den Fingerpuppen-Spielen wird das Kind in der ersten Zeit noch am liebsten zusehen und sich »bespielen« lassen. Schon bald aber wird es Ihr Spiel nachahmen und auch selbst mit einer der Puppen spielen wollen. Es wird mit zunehmendem Alter immer mehr Einfühlungsvermögen entwickeln und sich in die Situationen von Frosch, Biene oder Schmetterling versetzen können – und dabei auch auf Ihr Spiel eingehen. So kann Ihr Kind sich auch an ersten kleinen Rollenspielen versuchen.

Begreifen und verstehen

Damit Ihr Kind etwas begreift, muss es das noch ganz wörtlich tun: Es (be-)greift die Gegenstände mit den Händen (Tastsinn) und steckt sie anfangs auch in den Mund, um sie noch besser kennen zu lernen. Es beobachtet und erforscht seine Umwelt und stellt erste einfache Zusammenhänge her. Später wird das Verstandene dann zunehmend in bestehendes Wissen hineingenommen, und es spielt so immer komplexer.

Die einfachen Spielregeln der Zappelfinger-Spiele fördern die kleinkindliche Intelligenz. Und die einfachen Handlungen der Spiele und Lieder können auch schon kleine Kinder verstehen. Sie werden altersgerecht zum Denken angeregt. Motivieren Sie Ihr Kind auch, sich eigene Geschichten rund um die Fingerpuppen auszudenken oder Ihre Spiele weiterzuspinnen. Stellen Sie ihm auch Fragen zu den Spielen, etwa was der Frosch dann machen könnte oder wie es dem Schmetterling wohl geht in dieser Situation.

Und nun: Viel Spaß beim Spielen!

Zappelfinger
stellen sich vor

Weißt du, wer ich bin?

Ich bin der Frosch,
der ganz laut quakt
und sich manchmal
in einen Prinzen
verwandeln kann.

Frosch auf einen Finger stecken
und dem Kind vorstellen.

Ich bin der Schmetterling,
der so schön fliegt;
früher war ich 'ne Raupe
und aß ganz viel.

Schmetterling auf einen Finger stecken
und dem Kind vorstellen.

Ich bin die Biene,
die ganz laut summt,
bis dem Frosch
der Schädel brummt.

Biene auf einen Finger stecken
und dem Kind vorstellen.

Alle zusammen fragen das Kind:

Und wer bist du?

Kind sagt, wer es ist.

Weißt du, wie ich aussehe?

Ich bin der Frosch,
ganz grün bin ich
und habe ein großes Maul
zum Quaken.

Frosch auf einen Finger stecken
und »quaken«.

Ich bin der Schmetterling
mit bunten Flügeln
und habe lange Fühler
zum Fühlen.

Schmetterling auf einen Finger stecken
und mit den Fühlern das Kind berühren.

Ich bin die Biene,
gelb und braun,
kann fliegen
mit meinen Flügeln.

Alle zusammen fragen das Kind:

Und wie siehst du aus?

Biene auf einen Finger stecken und fliegen lassen.

Kind sagt, wie es aussieht.

Weißt du, was ich kann?

Ich bin der Frosch,
kann ganz laut quaken,
und hüpfen
kann ich extra weit.

Frosch auf einen Finger stecken und weit hüpfen lassen.

Ich bin der Schmetterling,
kann Pirouetten dreh'n,
in der Luft
bin ich schön anzuseh'n.

Schmetterling auf einen Finger stecken und Pirouetten drehen lassen.

Ich bin die Biene, kann stechen,
wenn ich ängstlich bin,
und kann aus Nektar
Honig machen.

**Biene auf einen Finger stecken
und mit dem Hinterteil »drohen«.**

Alle zusammen fragen das Kind:

Und was kannst du?

Kind sagt/zeigt, was es kann.

Weißt du, wo ich wohne?

Ich bin der Frosch,
ich wohne im Teich,
wo es schön kühl und feucht ist.

Frosch auf einen Finger stecken.

Ich bin der Schmetterling,
ich wohne auf einer Blume,
die duftet ganz gut
und beschützt mich nachts.

Schmetterling auf einen Finger stecken.

Ich bin die Biene,
ich wohne im Bienenstock,
mit ganz vielen anderen Bienen
machen wir dort Honig.

Biene auf einen Finger stecken.

Alle zusammen fragen das Kind:

Und wo wohnst du?

Kind sagt, wo es wohnt.

Weißt du, wie ich heiße?

Ich bin der Frosch,
hüpfe und quake den ganzen Tag.
Ich heiße Franz Springindenteich.

Ich bin der Schmetterling,
fliege von Blume zu Blume.
Ich heiße Konrad Fliegnichtweg.

Frosch auf einen Finger stecken.

Schmetterling auf einen Finger stecken.

Ich bin die Biene,
summe und mache leckeren Honig.
Ich heiße Wilhelmine
Stichmichnicht.

Biene auf einen Finger stecken.

Alle zusammen fragen das Kind:

Und wie heißt du?

Kind sagt, wie es heißt.

Mein Frosch, der kann laut quaken

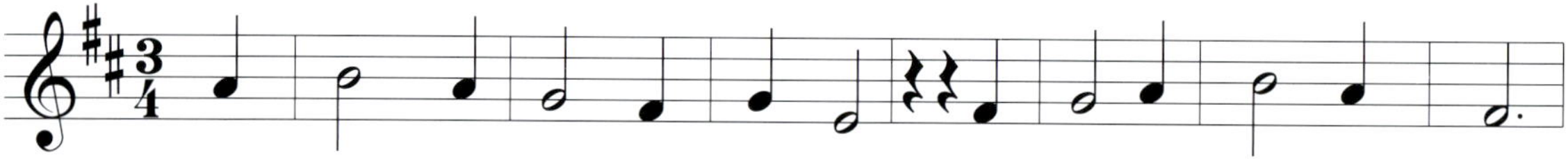

Mein Frosch, der kann laut qua-ken, laut qua-ken kann mein Frosch.

Und macht er nicht laut »quak, quak«,

dann ist es nicht mein Frosch.

Mein Bienchen kann laut summen,
laut summt es jeden Tag.

Und macht für dich laut »summ,
summ«, weil es dich gerne mag.

Mein Schmetterling kann fliegen,
drum fliegt er jetzt zu dir.

Dann will er weiterfliegen und
kommt zurück zu mir.

Tiere nacheinander auf einen Finger stecken, dem Kind vorstellen und machen, was im Text steht.

Mit Zappelfingern
durch den Tag

Liebeserklärung

Frosch und Biene
auf die beiden Zeigefinger stecken.

Das Kind damit behutsam
streicheln und »küssen«,

sanft kitzeln und aufwecken.

Wach auf!

Der Frosch liegt im Bett (des Kindes).
Die Biene kommt angeflogen
(auf dem Finger der Mutter/des Vaters)
und summt dem Frosch ins Ohr:

Summm, summm, summm,
Bienchen summt herum.

Fröschlein, werd jetzt wach.

Fröschlein, steh jetzt auf.

Fröschlein, zieh dich an.

Fröschlein, wasche dich.

Damit ich mit dir essen kann.

Klingelingeling

Finger mit einer der Puppen hüpft/ fliegt am Arm des Kindes hinauf, »klingelt« (zupft) am Ohrläppchen des Kindes.

Da hüpft ein Frosch
den Arm hinauf.

»Klingelingeling, klingelingeling.
Ist *(Name des Kindes)* zu Haus?«

Da fliegt der Schmetterling
den Arm hinauf.

»Klingelingeling, klingelingeling.
Ist *(Name des Kindes)* zu Haus?«

Da fliegt die Biene
den Arm hinauf.

»Klingelingeling, klingelingeling.
Ist *(Name des Kindes)* zu Haus?«

Frosch-Hüpfen

Hüpft ein Fröschchen
auf die Nase und das Kinn
bis zu deinem Herzen hin.

Den Frosch auf die Nase, das Kinn und das Herz hüpfen lassen.

Macht von da 'nen großen Satz,
nimmt auf deinem Bäuchlein Platz.

Den Frosch auf den Bauch hüpfen lassen.

Doch jetzt schau mal, was es macht:
kitzelt dich heut Morgen wach!

Mit dem Frosch am Bauch kitzeln.

Summ, summ, summ

Summ, summ, summ, Bienchen summt herum.
Such in Blumen, such in Blümchen,
dir ein Tröpfchen, dir ein Krümchen!
Summ, summ, summ, Bienchen summt herum.

Biene auf den Finger stecken und vorbeifliegen lassen.

Eignet sich auch als Aufwecklied:
Biene stupst die Nase, den Bauch …
des Kindes.

Der Frosch sagt Guten Tag

Guten Tag, Herr Daumen!

Hallo, Frau Zeigefinger!

Grüß Gott, Herr Mittelfinger!

Wie geht's, Frau Ringfinger?

Schönen Tag, kleiner Finger!

Nach und nach die Finger der einen Hand begrüßen, anschließend die Finger der anderen Hand.

Auch Biene und Schmetterling sagen Guten Tag.

Unser Nachbar, der Frosch

Frosch auf dem Finger hüpft	Hüpft ein Frosch die Treppe rauf,
auf der Schulter des Kindes,	bleibt ein bisschen hocken,
geht bis zum Ohr,	geht ein bisschen weiter rauf,
zupft am Ohrläppchen,	läutet an der Glocke,
klopft an die Stirn.	klopft an, klopft an:

Guten Tag,
Herr (Frau) Hampelmann!

Jetzt fliegt Schmetterling

Kind soll die gesungenen Tätigkeiten machen und sich dabei nach und nach anziehen.

Jetzt zieht Schmetterling,
jetzt zieht Schmetterling
sich seine Strümpfe an.

O du mein Schmetterling ...

Jetzt zieht Schmetterling,
jetzt zieht Schmetterling
sich seine Hose an.

O du mein Schmetterling ...

Jetzt zieht Schmetterling,
jetzt zieht Schmetterling
sich seine Jacke an.

O du mein Schmetterling …

Jetzt setzt Schmetterling,
jetzt setzt Schmetterling
sich seine Mütze auf.

O du mein Schmetterling …

Jetzt tanzt Schmetterling,
jetzt tanzt Schmetterling
mit seiner/m lieben *(Name des Kindes)*.

O du mein Schmetterling,
mein Schmetterling,
mein Schmetterling.
O du mein/e *(Name des Kindes)*,
mein/e *(Name des Kindes)* bist du.

Jetzt geht Schmetterling,
jetzt geht Schmetterling
mit *(Name des Kindes)* spaziern.

O du mein Schmetterling,
mein Schmetterling,
mein Schmetterling.
O du mein/e *(Name des Kindes)*,
mein/e *(Name des Kindes)* bist du.

Guten Appetit!

Zehn kleine Fische
schwimmen heut zu Tische.

Alle Anwesenden »schwimmen« mit ihren Fingern auf dem Tisch,

Reichen sich die Flossen,
dann wird kurz beschlossen:

geben sich die Hand

jetzt nicht mehr zu blubbern,
stattdessen was zu futtern.

Drum singen alle mit:
Guten Appetit!

und singen gemeinsam:
»Guten Appetit!«

Zwei kleine Tierchen verliefen sich im Wald

Schmetterling und Frosch über zwei Finger an einer Hand ziehen und spazieren lassen.

Biene erscheint auf der anderen Hand.

Hu, hu, da schaut
eine kleine Biene raus.
Sie lockt die beiden
ins hübsche Bienenhaus.

Gibt ihnen leck're Brote
mit ganz viel Honig drauf:
Drei kleine Tierchen,
die essen alles auf.

Alle drei Tiere »essen«.

**Als kleines Theaterstück mit den drei Puppen aufführen.
Eignet sich auch als Tischliedchen vor dem Essen.**

Zappelfinger werden still

Zippel, zappel, Fingerlein
wollen gar nicht stille sein.
Zappeln hin und zappeln her,
geben keine Ruhe mehr.

Finger des Kindes zappeln.

Zippel, zappel, Fingerlein,
marsch in euer Bett hinein.
Fingerlein, jetzt aber still,
weil ich euch was sagen will.

Finger werden unter die Bettdecke gesteckt

und festgehalten.

Zippel, zappel, Fingerlein,
wollt ihr endlich stille sein!
Zappelt nicht mehr wild umher,
schlaft schön ein und wacht nicht mehr!

Bettdecke heben und zu den Fingern »sprechen«.

O du lieber Schmetterling

Schmetterling auf dem Finger sucht nach Frosch und Biene. Das Kind darf die beiden unter der Bettdecke finden.

Zappelfinger gehen ins Bett

Zehn kleine Zappelfinger lauern im Versteck.
Zehn kleine Zappelfinger werden plötzlich keck.

Alle Finger unter der Bettdecke verstecken.

1, 2, 3, 4 und 5,
sie kommen ohne Schuh' und Strümpf'.
6, 7, 8,
nun ist es fast schon Nacht.

Die Finger schauen einer nach dem anderen unter der Bettdecke hervor und krabbeln über das Kind.

Und zum Schluss die 9 und 10,
es wird Zeit zum Schlafengeh'n.

Kind zudecken.

Zappelfinger spielen

Bei Krankheit trösten

Fröschlein in der Grube

Frosch auf den Finger stecken und »schlafen« lassen.
Bei der letzten Zeile zweimal hochhüpfen lassen.

Wer ist denn da gesessen?

Da ist der Frosch gesessen,	Auf die Handfläche zeigen,
da ist er rausgehüpft,	durch Daumen und Zeigefinger
der hat es gesehen,	Daumen
der hat ihn gefangen,	Zeigefinger
der hat ihn freigelassen,	Mittelfinger
der hat ihn in den Teich gesetzt,	Ringfinger
und der Kleine ist hinterhergehüpft.	kleiner Finger

Da ist der Schmetterling gesessen,	**Auf die Handfläche zeigen,**
da ist er rausgeschlüpft,	**durch Daumen und Zeigefinger**
der hat es gesehen,	**Daumen**
der hat ihn gefangen,	**Zeigefinger**
der hat ihn freigelassen,	**Mittelfinger**
der hat ihn auf die Blume gesetzt,	**Ringfinger**
und der Kleine hat die Blume abgepflückt.	**kleiner Finger**

Da ist die Biene gesessen,
da ist sie rausgeschlüpft,
der hat es gesehen,
der hat sie gefangen,
der hat sie freigelassen,
der hat sie in den
Bienenstock gesetzt,
und der Kleine
hat den Honig geschleckt.

Auf die Handfläche zeigen,
durch Daumen und Zeigefinger
Daumen
Zeigefinger
Mittelfinger

Ringfinger

kleiner Finger

Kind, du hast den Frosch gestohlen

* oder: »der Papa«

Frosch in die Faust des Kindes legen, ihn vorsichtig aus der Umklammerung lösen.

Liebes Kindlein, lass dir raten,
halt doch nicht so fest,
halt doch nicht so fest.
Nimm, du brauchst den Frosch
nicht länger,
mit der Bien' vorlieb.
Nimm, du brauchst den Frosch
nicht länger,
mit der Bien' vorlieb.

**In der zweiten Strophe
die Biene in die leere Hand legen
und die Finger wieder schließen.**

Halt uns fest!

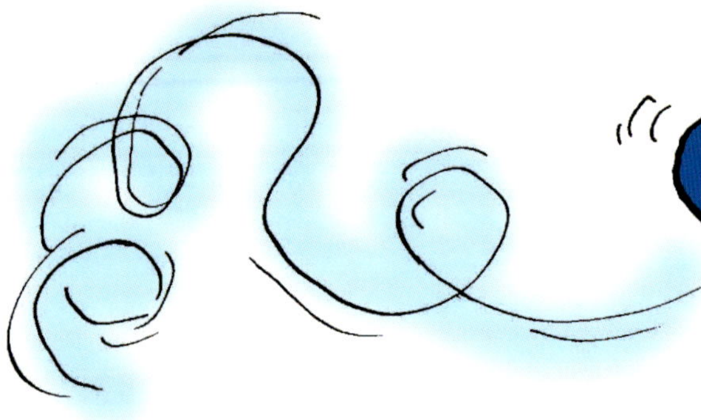

Mein großer, mein schöner,
mein bunter Schmetterling
steigt langsam nach oben,
gleich fliegt er davon.
Halt ihn gut fest,
mein kleines Kind,
und hol ihn dir zurück.
Gleich hast du ihn gefangen,
da hast du aber Glück.

Schmetterling auf einen Finger stecken

und »fliegen« lassen.

Kind soll versuchen, den Schmetterling zu fangen.

Dasselbe mit dem Frosch …

Mein kleiner, mein frecher, mein grüner Frosch,
der springt immer schneller, gleich hüpft er davon.
Halt ihn gut fest, mein kleines Kind,
und hol ihn dir zurück.
Gleich hast du ihn gefangen,
da hast du aber Glück.

… und der Biene.

Meine kleine, meine weiche,
meine gelbe Biene,
die fliegt immer schneller,
gleich summt sie davon.
Halt sie gut fest, mein kleines Kind,
und hol sie dir zurück.
Gleich hast du sie gefangen,
da hast du aber Glück.

Bienchen, Bienchen, du musst wandern

Die drei Puppen nacheinander durch alle anwesenden Hände wandern lassen.

Fröschlein, Fröschlein,
du musst wandern
von dem einen zu dem andern.
Ei wie schön, ei wie schön
ist das Fröschlein anzuseh'n.

Schmetterling,
auch du musst wandern
von der einen Hand zur andern.
O wie schön, o wie schön,
Schmetterling, bleib nur nicht steh'n.

Was bist denn du für einer?

Es war einmal ein Schmetterling,
der trug am Hals 'nen gold'nen Ring
und einen Ring am Ohr,
das kommt ganz selten vor.

Dem Schmetterling um den Hals und den Fühler ein goldenes Band binden.

Die andern wunderten sich sehr:
Wo kommt denn dieser Falter her?
Da kam sein Freund, der Frosch, vorbeigerannt
und hätt' ihn beinah nicht erkannt.

Den Frosch auf einen Finger der anderen Hand stecken und vorbeirennen lassen.

Zehn kleine Zappelfinger

Neun kleine Zappelfinger
zappeln wild herum,
da hat sich einer aufgemacht,
dann waren's nur noch acht.

Acht kleine Zappelfinger
übten alle fliegen,
da hat sich einer glatt verflogen,
dann waren's nur noch sieben.

Sieben kleine Zappelfinger
lernten alle zaubern,
da hat sich einer weggehext,
dann waren's nur noch sechs.

Sechs kleine Zappelfinger
liefen in die Sümpf',
der eine ist drin stecken blieben,
da waren's nur noch fünf.

Fünf kleine Zappelfinger
spielten wilde Tier',
da hat der Löwe laut gebrüllt,
dann waren's nur noch vier.

Vier kleine Zappelfinger
aßen gerne Brei,
der eine hat zu viel erwischt,
da waren's nur noch drei.

Drei kleine Zappelfinger
spielten allerlei,
da hat sich einer gut versteckt,
dann waren's nur noch zwei.

Zwei kleine Zappelfinger
fielen in den Eimer,
der eine kam nicht mehr heraus,
da war es nur noch einer.

Ein kleiner Zappelfinger
fühlte sich allein,
da rief er ganz laut: »Kommt zurück!«,
dann waren's wieder zehn.

**Alle zehn Finger des Kindes zappeln wild,
bei jeder Strophe wird's einer weniger,
am Ende schießen alle wieder in die Höhe.**

Such mich doch!

Füllen Sie eine Schüssel mit getrockneten Linsen oder Erbsen, Bohnen, Reis, Nudeln …

Verstecken Sie darin eine der Fingerpuppen oder einen Gegenstand des Alltags wie Löffel, Schlüssel, ein kleines Glas, ein Bonbon …

Lassen Sie Ihr Kind graben, suchen, fühlen und raten, welchen Schatz es geborgen hat, bevor es ihn herausnimmt.

Freche Finger

Fünf kleine Zappelfinger
suchen ein Versteck.
Fünf kleine Zappelfinger
sind auf einmal weg.

Hand in einem Socken verstecken.

Der Erwachsene macht das Spiel vor, das Kind macht es nach.

Fünf kleine Zappelfinger
bauen sich ein Haus.
Fünf kleine Zappelfinger
schaun zum Fenster raus.

Hand in eine Schuhschachtel stecken.

Fünf kleine Zappelfinger
machen gern Musik.
Fünf kleine Zappelfinger
finden das sehr schick.

Mit den Fingern auf den Tisch trommeln.

Alle Tiere sind schon da

Als kleines Fingertheater aufführen, hinter einer Tischkante oder einer Schuhschachtel mit Ausschnitt; vielleicht mit Instrumenten begleiten: kleine Trompete, Knallfrosch, Pfeifen …

Wie sie alle lustig sind,
flink und froh sich regen.
Biene, Frosch und Schmetterling
und die ganze Fingerschar
wünschen dir ein frohes Jahr,
lauter Heil und Segen.

Was sie uns verkünden nun,
nehmen wir zu Herzen:
Wir auch wollen lustig sein,
lustig wie die Tierelein,
hier und dort, feldaus, feldein,
singen, springen, scherzen.

Hochzeitsfeier

Biene auf einen Finger der linken Hand stecken, Schmetterling auf einen Finger der rechten Hand.

Biene und Schmetterling: »Wir sind Biene *(verbeugt sich)* und Schmetterling *(verbeugt sich)*. Wir feiern heute Hochzeit.«

Schmetterling *(hochheben)*: »Ich bin die Braut.«

Biene *(hochheben)*: »Und ich der Bräutigam.«

Schmetterling: »Ich hab mein schönstes Kleid schon an.«

Biene: »Und ich meinen Streifenanzug auch.«

Biene und Schmetterling: »So können wir heiraten. Lass uns unseren Hochzeitstanz aufführen.«

Drehen sich beim Singen tanzend im Kreis.

Liebe Biene, tanz mit mir, beide Fühler reich ich dir:
Einmal hin, einmal her, rundherum, das ist nicht schwer.

Flieg weg!

Kind bekommt Schmetterling auf den Finger, Elternteil den Frosch auf einen Finger der einen, die Biene auf einen Finger der anderen Hand.

Der Frosch hüpft herbei:	»Ich bin der Frosch und will jetzt den Schmetterling fangen.«
Er hüpft auf den Schmetterling zu:	»Ich fang dich jetzt!«
Da kommt die Biene angeflogen und kitzelt den Frosch:	»Kille, kille, kille.«
Der Frosch quakt lachend:	»Quak, quak, was machst du mit mir?«
Die Biene ruft dem Schmetterling zu:	»Schnell, Schmetterling, flieg weg, sonst fängt dich der Frosch!«

Der Schmetterling fliegt weg.

Kleiner Frosch, komm tanz mit mir

Schmetterling, komm tanz mit mir, beide Hände reich ich dir:
Einmal hin, einmal her, rundherum, das ist nicht schwer.

Liebe Biene, tanz mit mir, beide Hände reich ich dir:
Einmal hin, einmal her, rundherum, das ist nicht schwer.

Frosch, Schmetterling und Biene nacheinander auf einen Finger des Kindes stecken. Vorderbeinchen, Fühler und Flügel in die Finger nehmen und gemeinsam »tanzen«.

Fünf kleine Mäuschen

1, 2, 3, 4, 5 kleine Mäuschen
gehen schnell ins Häuschen
und verstecken sich gut,
denn sie sind
vor dem Frosch auf der Hut.

Die fünf Finger einer Hand des Kindes abzählen und nacheinander umlegen. Die andere Hand darüber legen.

Der Frosch kommt auf einem Finger der Mutter (des Vaters) herbei.

Der kleine Frosch, der hüpft vorbei
und sucht die kleinen Mäuschen,
doch keines kann er entdecken,
denn sie können sich gut verstecken.

Der Frosch hüpft in großen Sätzen und kleinen Sprüngen, sieht sich überall um – vergebens.
Schließlich hüpft er wieder weg, bis er nicht mehr zu sehen ist.

1, 2, 3, 4, 5 kleine Mäuschen
kommen aus ihrem Häuschen
und freuen sich sehr,
denn sie sehen den Frosch nicht mehr.

Die Hand des Kindes wird abgehoben, und die Finger der anderen Hand werden einer nach dem anderen wieder aufgestellt. Sie zappeln freudig herum.

Wie viele Finger hast du?

Der Daumen ist die **1**

der Zeigefinger die **2**

der Mittelfinger die **3**

der Ringfinger die **4**

der kleine Finger die **5**

Die Finger des Kindes an einer Hand
nach und nach abzählen,
dann an der anderen Hand.

Anschließend kann das Kind versuchen,
die Finger des Erwachsenen abzuzählen.

Das können wir!

Ohne Fingerpuppen die Tätigkeiten mit den Händen darstellen.

1, 2, 3 –
so rühren wir den Brei,

so knacken wir die Nüsse,
so schaben wir Gemüse,

so binden wir die Schnur,
so fegen wir den Flur,

so melken wir die Kuh,
so putzen wir die Schuh',

so flicken wir das Kleid,
so sägen wir zu zweit.

Impressum

Wichtiger Hinweis
Die im Buch veröffentlichten Ratschläge wurden mit größter Sorgfalt von der Verfasserin erarbeitet und geprüft. Eine Garantie kann jedoch nicht übernommen werden. Ebenso ist eine Haftung der Verfasserin bzw. des Verlages und seiner Beauftragten für Personen-, Sach- oder Vermögensschäden ausgeschlossen.

Ein Unternehmen der Droemerschen Verlagsanstalt Th. Knaur Nachf. GmbH & Co. KG, München

Projektleitung und Lektorat: Caroline Colsmann
Herstellung: Dagmar Guhl
Illustrationen, Layout und Satz: Norbert Pautner, München
Einbandgestaltung: Norbert Pautner, München
Reproduktion: Repro Ludwig, Zell am See, Austria

ISBN 978-3-426-64447-8